J. E. C. Rasmussen: Ravnsborg Voldsted (Burgruine), 1880

Lolland Falster Møn

und die anderen dänischen Südseeinseln

Text von Heinz Gundlach

Fotos von Renate und Roger Rössing

Hinstorff

CIP-Titelaufnahme der Deutschen Bibliothek
Lolland Falster Møn und die anderen dänischen Südseeinseln/
Text von Heinz Gundlach. –
Fotos von Renate und Roger Rössing. –
Rostock: Hinstorff, 1994. – 80 S. :
überwiegend ill.
ISBN 3-356-00565-0
NE : 1. Verf.; 2. Verf.

1. Auflage 1994
Herstellung: Druckhaus Erfurt
Printed in Germany
ISBN 3-356-00565-0

Von den Dänen, aus deren geografischer Sicht die Ostsee im Süden liegt, erhält man unterschiedliche Auskünfte darüber, welche der rund 500 größeren und kleineren Inseln Dänemarks als Südseeinseln bezeichnet werden. Über *Lolland* und *Falster* ist man sich am ehesten einig. Die beiden Inseln sind der südlichste Teil unseres nördlichen Nachbarn. Manche nehmen noch die nordöstlich von Falster gelegene Insel *Møn* und einige auch die nordöstlich von Lolland liegende Insel *Langeland* hinzu. Für den Besucher liegt der Vergleich mit den Inselparadiesen Ozeaniens wohl am nächsten bei den kleinen idyllischen Inselchen, die – traumhaft verloren wirkend – verstreut sind im Kleinen Belt und in der Ostsee südlich von Fünen *(Lyø, Avernakø, Birkholm, Drejø, Hjortø, Æro, Als, Skarø, Tåsinge, Strynø und Thurø)*, nördlich von Lolland *(Fejø, Femø, Askø, Lindholm, Lilleø, Skalø, Ragø, Vigsø, Suderø und Vejrø)*, zwischen Lolland und Falster im Guldborgsund *(Kalvø, Kejlsø, Barholme)* und nördlich und nordwestlich von Møn *(Bogø, Tærø, Langø, Lindholm, Tyreholm, Nyord, Degneholm und Ægholm)*. Der Flug über die Inselwelt, vielleicht von Schleswig-Holstein aus in östlicher Richtung, wird einem ebenso unvergeßlich bleiben wie die Reise über Land und Wasser mit dem Fahrrad oder dem Auto, auf Fähren, die freilich nicht immer jede Insel anlaufen. Am schönsten aber muß ein Kutter- oder Segeltörn von Insel zu Insel sein.

Welche man auch immer dazu zählt – ihren Namen verdanken die südlichen Inseln Dänemarks den Bornholmer Fischern, die sie seit altersher *Sydhavsøer* nennen, Südseeinseln. Sie sind dem Besucher Ruhepunkte, wie es sie auf der nördlichen Halbkugel nur selten ähnlich gibt.

Die Inseln gehören zu den jüngsten Gebieten Europas, entstanden vor 10 000 Jahren und sind eiszeitlichen und nacheiszeitlichen Ursprungs. Schon kurz nach dem Zurückweichen des Inlandeises waren sie von Fischern und Jägern bewohnt. Die gebräuchlichsten der über die Inseln führenden Wege und die Fährpunkte waren bereits zur Bronzezeit bekannt (1500 – 500 v. Chr.). Runensteine erzählen über den Handelsweg vom schwedischen Birka über die Ostsee, über Hedeby nach Danelagen in England.

In ihrer wechselvollen Geschichte waren die Inseln Schlupfwinkel und Ausgangspunkt vieler skandinavischer Seefahrer, der Wikinger, die sich auch als Normannen an der französischen Küste festsetzten und deren unglaubliches seemännisches Können sie bis Amerika segeln ließ. Krieg, Handel und Piraterie, diese Dreieinigkeit zurückliegender Jahrhunderte, gehörten zu Land und Leuten ebenso wie der Kampf mit den Naturgewalten.

Im 10. und 11. Jahrhundert beherrschte Dänemark Norwegen und England sowie Teile Norddeutschlands, dazu kam im 14. Jahrhundert noch Schweden.

Um 1200 verfaßte der Geschichtsschreiber Saxo Grammaticus die „Gesta Danorum" („Taten der Dänen"), das erste grundlegende Geschichtswerk über die Verhältnisse im westlichen Ostseegebiet. Er schildert darin auch die westslawische Völkerwanderung, Plünderungen und Raubzüge. Auf Lolland und Falster fand man zahlreiche Keramiken slawischer Herkunft (u.a. aus Wolin/Vineta in der Odermündung). Auf Nordfalster entdeckte man Reste einer Schiffswerft aus dem frühen Mittelalter. Hier wurden Schiffe in slawischer Bauart hergestellt. Zahlreiche Ortsnamen mit -itse künden vom slawischen Ursprung.

Nordische und slawische Kulturelemente formten sich zu einer Mischkultur. Vor etwa 1000 Jahren war auf der Grundlage der relativ einheitlichen Ostseeökonomie eine hochentwickelte Kultur entstanden, die Ostseekultur, die auch die Lebensweise auf den dänischen Inseln prägte.

Im 12. bis 14. Jahrhundert, unter der Herrschaft von Königen mit dem Namen Waldemar, wurden weite Waldflächen gerodet, Burgen und Städte gebaut, Kirchen und Dome errichtet. Diese Zeit war gekennzeichnet durch kriegerische Auseinandersetzungen mit

Siegel von Nykøbing
1556
1648

slawischen Stämmen an der südöstlichen Ostseeküste und mit der Hanse.

Lolland und Falster befanden sich in diesen Konflikten wie zwischen Baum und Borke. Sie wurden immer stärker in die dänische Zentralgewalt eingebunden, aber gleichzeitig als Außengebiete betrachtet. Die beiden größten südlichen Inseln entwickelten sich zu Dänemarks bestem Korngebiet. Ein reger Getreidehandel verband wie ein Lebensnerv Lolland und Falster mit dem europäischen Festland.

In dieser Zeit wurden auf den Inseln 84 Kirchen gebaut. Mit diesen Kirchen war es wie mit der Landwirtschaft: Sie glichen sich untereinander und denen in Holstein und Mecklenburg, hatten aber trotzdem ihr Eigenes. Die Gotik manifestierte sich hier in festlicher Nüchternheit. Die Impulse für den Kirchenbau gingen vor allem vom Süden in den Norden.

Im 12. Jahrhundert verstärkten sich die sozialen Unterschiede. 1320 brach eine Landwirtschaftskrise aus, die zum Bauernlegen führte. Große Teile von Falster fielen an das Königshaus, während auf Lolland die Gutsherren erstarkten. Bei den Arbeitsmethoden in der Landwirtschaft blieb ein starker Einfluß aus Holstein, Mecklenburg und anderen deutschen Gegenden wirksam. So errichteten im 17. Jahrhundert die meisten Gutshöfe Meiereien nach holsteinischem Muster. Im 19. Jahrhundert kam die Technologie für den Anbau und die Verarbeitung von Zuckerrüben aus Sachsen und Magdeburg.

Auf Lolland sind über eine weitere Gemeinsamkeit mit der mecklenburgischen Landwirtschaft sorgfältig Zeugnisse gesammelt: über die Arbeit und das Leben polnischer Saisonarbeiter. Zwischen 1868 und 1900 verließen 13500 junge Männer Lolland und Falster in Richtung Amerika, weil die Bodenpreise so drastisch gestiegen waren, daß eigene Höfe unbezahlbar wurden. Polnische Schnitter nahmen während der Saison ihre Plätze ein – wie in Mecklenburg.

Für den Verkehr sind die Hauptinseln seit jeher gut erschlossen. Schon im Mittelalter gab es zwischen Rødby auf Lolland und dem europäischen Festland eine ständige Fährverbindung. Der Ausbau zu einer dauerhaften Überfahrt erhielt Mitte des vorigen Jahrhunderts durch die Erfindung der Eisenbahn neue Impulse, den Zuschlag bekam aber 1886 die Strecke zwischen Gedser an der Südspitze von Falster und Warnemünde. Die Kürze der Verbindung zur Hauptstadt des Deutschen Reiches Berlin gab den Ausschlag.

Mit der Einführung der Dampfschiffahrt und dem Bau von Eisenbahntrajekten erhielt die Fährlinie Gedser–Warnemünde ab 1903 ihre anhaltende Bedeutung. Ende der 30er Jahre tauchte der Gedanke einer

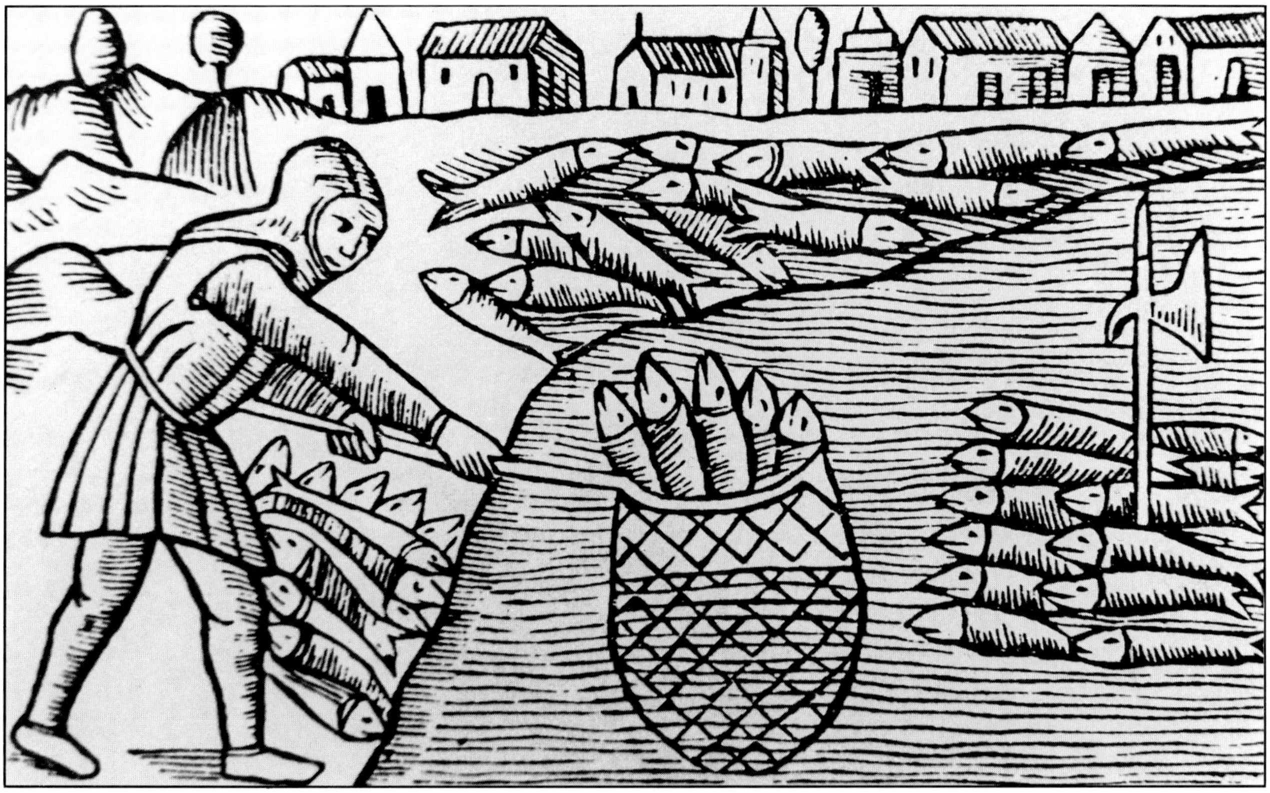

Olaus Magnus berichtet in „Die Geschichte der nordischen Völker“ 1555: Der Hering soll so dicht gestanden haben, daß man ihn herausschaufeln konnte.

Innenansicht der Domkirche von Maribo. Gezeichnet von J. Kornerup um 1860 (vor der Restaurierung). Im Vordergrund Leonora Christinas Grab.

ständigen Verkehrsverbindung zwischen Rødby und der deutschen Insel Fehmarn erneut auf. Am 14. September 1941 erfolgte der erste Spatenstich für diese Linie. Dem dänischen Verkehrsminister Larsen brach dabei der Spaten ab – ein schlechtes Omen. (Auf einem Foto von diesem Ereignis sieht man den hinter ihm stehenden Generaldirektor der dänischen Staatsbahnen Knutzon darüber lachen.) Der sich verschärfende Weltkrieg unterbrach die Arbeiten, erst das Kriegsende, die Teilung Europas und damit auch Deutschlands beschleunigten die Pläne einer stabilen Verbindung zwischen dem bundesdeutschen Festland und den dänischen Inseln.

1951 entstand die Linie Großenbrode-Rødby, die 1963, nach der Vertiefung der Spaltung durch den Bau der Berliner Mauer, endgültig ihren Platz gefunden hatte. Sie wurde in den 70er Jahren ausgebaut, und in den 80er Jahren belebte sich die widerspruchsvolle Diskussion um eine feste Verbindung über die Ostsee oder unter ihr hindurch. Das Jahr 1989 und die Überwindung der Spaltung Deutschlands brachten auch der Fährlinie Warnemünde-Gedser neue Impulse.

Nicht alle Erwartungen, die die Einwohner von Lolland und Falster bei all den Verkehrskonzeptionen in den Ausbau der Hauptstraßen der Inseln zur Autobahn gesetzt hatten, erfüllten sich. Sie hatten gehofft, daß umso mehr Gäste zu ihnen kommen, je besser die Hauptverbindung in den Norden ist. Aber viele der zahlreichen Dänemark-Besucher werden auch auf dieser Autobahn in die Hauptstadt Kopenhagen „gesogen". Das hat wiederum seinen Vorteil für die Touristen, die nicht städtische Hektik, sondern Ruhe und Beschaulichkeit suchen.

Auf den Inseln nutzte man die zurückliegenden Jahre für den Ausbau der Infastruktur, z.B. eines dichten Netzes von gepflegten Straßen und Radwegen. Es gibt wohl kaum eine Gegend in Europa, die so viele Radwege zu bieten hat.

Bevor wir uns mit Lolland die zentrale und größte der dänischen Südseeinseln per Fahrrad und Auto erschließen, muß noch auf ein Kleinod hingewiesen werden, das zeigt, welche Bedeutung die Süddänen ihren Straßen und Wegen seit altersher gaben: Auf königlichen Befehl vom 1. Mai 1683 wurden die Landstraßen vermessen. Nach jeder Meile (7,532 km) stellte man einen Meilenstein auf. Diese Meile unterteilte sich in Halb- und Viertelmeilen, die wiederum in sog. Faden. Erst 1908 wurden Kilometersteine eingeführt. Die einzige komplette Sammlung von vierzig alten Meilensteinen existiert auf dem Museumsweg, der von Vesterborg auf Lolland am Reventlow-Park vorbeiführt.

Von den kleinen süddänischen Inseln wird einem *Ærø* besonders ans Herz wachsen. *Ærøskøbing*, mit 1100 Einwohnern Hauptort der Insel, hat in seiner Bebauung ein Bild der zweiten Hälfte des 17. Jahrhunderts bewahrt. Der ganze Ort steht unter Denkmalschutz. Auf der Fahrt von Schleswig-Holstein hierher liegen die drei kleinen Inseln *Skarø, Drejø* und *Hjortø* (jede zwischen 50 und 120 Einwohner).

Läßt man sich von der Fähre weiter in östlicher Richtung bringen, dann gelangt man nach *Rudkøbing*, den größten Ort der Insel *Langeland*, der als Handelsstätte bereits um 1300 erstmals erwähnt wurde. Langeland trägt den Namen zu Recht: Die Insel ist 58 km lang, und an der schmalsten Stelle mißt man nur 4 km, an der breitesten 11 km. Wir genießen die Badestrände, wandern durch Wiesen und Felder, schauen den Anglern und den Reitern zu, den Seglern und den Surfern. Wir treffen unterwegs auf Hünengräber, und im Langeland-Museum läßt uns der gepfählte Häuptling mit seinem geköpften Sklaven erschauern.

Nach knapp einstündiger Fahrt kommen wir vom Langelandhafen *Spodsbjerg* aus in *Tårs* an, der ersten Station unserer Lolland-Tour. In *Nakskov*, der Stadt am Fjord, erfreuen uns die schmalen, mittelalterlichen Gassen, gut erhaltene Kaufmannshöfe, die Nikolai-Kirche mit ihrem 72 Meter hohen Turm und die seit 1645 bestehende Apotheke. Wir wenden uns nun nach Norden, denn wir wollen zur kleinen Insel Fejø. Der *Reventlowpark* (und das Museum), benannt nach dem Staatsminister, der die Landwirtschaft, das Forst- und das Schulwesen zu Beginn des 19. Jahrhunderts reformierte, lädt unterwegs ebenso zum Verweilen ein wie *„König Svens Hügel"*, Dänemarks größtes, Besuchern zugängliches Hügelgrab, vor etwa 5200 Jahren errichtet, mit einem Gang von 12,3 Metern Länge und 2 Metern Breite.

Vom kleinen Hafen *Kragenæs* setzen wir zur Insel *Fejø* über. Mit 16 km^2 und 650 Einwohnern ist sie die größte der nördlichen Südseeinseln. Während die etwas kleinere Nachbarinsel *Femø* zwei Orte hat mit den Namen *Nørreby und Sønderby* (Nord- und Südstadt), gibt es auf unserer Insel die beiden Orte *Vesterby und Østerby* (West- und Oststadt). Wir fahren aber vorerst zum Vogelparadies im Nordwesten. Dort ist der Damm, der Fejø seit 1869 mit dem Inselchen *Skalø* verbindet, nach den Seiten hin verlandet und verschilft. Damm und Insel stehen unter Naturschutz, und man ist mitten in einem Reservat für

Siegel von Maribo
um 1608
um 1700

alle in der Ostsee lebenden Vogelarten. Der Landgasthof von Østerby bereitet dann beim Mittagessen (es muß unbedingt Fisch sein) alle Genüsse bester dänischer Küche.

Nun aber zur eigentlichen Sehenswürdigkeit der Insel. Am Südoststrand liegt eine der schönsten Dorfkirchen Dänemarks. Zu ihr fährt oder wandert man durch Obstplantagen und Weizenfelder. Ihr rotes Ziegeldach und die weißgekalkten Mauern heben sich leuchtend ab vom silbrigen Blau der Ostsee. Die sorgfältig aus Feldsteinen gesetzte, verfugte Kirchenmauer direkt am Inselrand umschließt den alten Friedhof. Die Kirche, die unmittelbar am Wasser steht, war die erste der ab 1240 erbauten Inselkirchen und durch die Jahrhunderte Begegnungsstätte der Bauern und der Fischer.

Es muß damals an Sonn- und Feiertagen ein buntes Bild um die Kirche herum gewesen sein. Die Bewohner der Nachbarinseln ruderten mit ihren Booten herüber, ankerten in der flachen Bucht, wateten barfuß an Land, zogen die mitgebrachten Stiefel an und gingen wohlgekleidet in den Gottesdienst. Die Bauern von Fejø kamen zur Kirche geritten und banden ihre Pferde an der Kirchenmauer fest – man sieht noch heute die dafür benutzten eisernen Ringe in den der Insel zugewandten Teilen der Mauer.

Den Impuls für den Bau zahlreicher Inselkirchen ab Mitte des 13. Jahrhunderts gab Christopher, der jüngste Sohn von Waldemar dem Sieger. Die Kirche von Fejø war seinerzeit das einzige Steingebäude auf der Insel.

Sie ist dem Schutzpatron der Seefahrer, St. Nikolaus, geweiht. An ihr hat sich seit der Reformation nichts Wesentliches verändert. In ihrem Innern befindet sich seit 1300 ein Taufstein aus gotländischem Kalk, ein Kruzifix von 1475, und Teile des Gestühls stammen noch von 1567.

Auf dem Schlußteil dieser Tagestour durch den Nordwesten von Lolland und auf eine der Inseln im „Smålandsmeer" – auf der Fahrt zur Inselhauptstadt Maribo – sollte man Halt machen in *Birket*, das von einer gotischen Backsteinkirche aus dem 14. Jahrhundert geschmückt wird, mit einem Taufstein aus Gotland, der (wie in der Kirche von Fejø) um 1350 hierher gebracht wurde. Bestaunen müssen wir auch den auf dem nebenliegenden Friedhof stehenden gezimmerten Glockenturm aus dem 14. Jahrhundert. Er ist eines der am besten erhaltenen Holzbauwerke Dänemarks.

Von Birket aus fahren wir in die lolländischen Alpen. *Barnehøj* ist ihr höchster Punkt – mit dreißig Metern. Hier liegt der Schloßberg *Ravnsborg*, von dem aus der holsteinische Graf Johann der Milde um 1330 die Insel regierte. Fundamente und Gräben sind noch zu sehen: drei von einer Ringmauer umgebene Burghöfe dieser schon 1508 abgebrochenen Burg sind in der gepflegten Ruinenanlage erstaunlich gut erkennbar. Von hier aus hat man einen weiten Blick über Land und See.

Wir wollen nun nach *Maribo*, den „Wohnort Mariens", der uns als Ausgangs- und Mittelpunkt weiterer Touren über die Insel und zu ihren Nachbarn für einige Nächte beherbergen soll. Das Touristenbüro im Rathaus kann Empfehlungen geben, die differenziert dem Budget der Reisenden angemessen sind, denn die Stadt hat nicht nur mehrere Hotels, sondern auch eine Jugendherberge, einen Campingplatz, und man kann auch Privatzimmer bekommen.

Maribo, das malerisch an den Ufern des Nord- und des Südsees, Nørresø und Søndersø, liegt, geht auf ein Brigittinenkloster zurück, das Königin Margarethe im Jahre 1408 stiftete. Das ist auch eine Erklärung für das Stadtwappen, das eine Nonne zeigt, denn schon acht Jahre nach der Klostergründung erhielt die sich rasch um das Kloster herum vergrößernde Ortschaft das Stadtrecht. Das Kloster nebst Ortschaft brannte 1596 fast vollständig ab. Heute sind vom ursprünglichen Kloster nur Ruinen erhalten.

Die sehr gut konservierte gotische Backsteinkirche wurde zwischen 1413 und 1470 als Kirche der Brigittinen errichtet. Nach der Reformation war sie Gemeindekirche. Seit 1803 ist sie der Dom des Bistums Lolland-Falster. Die Hallenkirche ist fast 60 Meter lang, Mittelschiff und Chor besitzen ebenso wie die beiden Seitenschiffe Sterngewölbe, die auf gewaltigen achteckigen Säulen ruhen.

Der Dom ist nicht nur wegen seiner Renaissancekanzel (1606), des Barockaltars (1641) und des Grabmals der unglücklichen Königstochter Leonora Christina sehenswert, die 22 Jahre im Kerker von Christiansborg verbracht hatte und ihr Leben 1698 hier im Kloster beschloß. Man sollte im Seitenschiff auch nach der „Pforte der Gnade und Ehre" suchen: diese Tür, die ins Kloster führte, passierten die Nonnen nur nach der Weihe am Hochaltar und ein zweites und letztes Mal, wenn ihre sterbliche Hülle zur Totenmesse in die Kirche getragen wurde. Hinter dem Altar befindet sich eine kleine Ausstellung, u.a. mit dem Schwamm, der Christus am Kreuz gereicht worden sein soll.

Das Lolland-Falster-Stiftsmuseum (Diözesanmuseum) und Kunstmuseum von Maribo (es liegt am Bahnhof, Jernbanegade 22) beherbergt eine Gemäldegalerie und bedeutende historische und Kunstsammlungen. Allein schon die zwei schönen Runensteine wären diesen Gang wert, aber auch wertvolle Kirchenkunst, Erzeugnise der Töpferei, Bürger- und Bauernmöbel lohnen den Besuch ebenso wie die bedeutende Sammlung dänischer Kunst vom 17. Jahrhundert bis in unsere Tage. Und schließlich vermittelt das Freilandmuseum bei *Bangs Have* am Westufer des Søndersees (Meinckesvej) einen bleibenden Einblick in das Leben der Bauern auf Lolland und Falster vor 200 Jahren. Man findet dort eine Windmühle, Gehöfte und Bauernhäuser, Werkstätten, eine Kirche und eine Schule.

Im Stadtzentrum, am Rathausplatz, ehrt die Stadt ihren großen Sohn, den Poeten und Pfarrer Kaj Munk (eigentlich Harald Leininger), der hier am 13. Januar 1898 geboren wurde, mit einem unpathetischen Denkmal. Kaj Munk sympathisierte ursprünglich mit dem aufkommenden Faschismus in Italien und Deutschland, verurteilte dann aber die Judenverfolgungen und rief zum Kampf gegen die deutschen Besatzer auf, die ihn am 4. Januar 1944 als Widerstandskämpfer hinrichteten.

Von Maribo aus wollen wir die Insel in einer nördlichen und einen Tag später in einer südlichen Tour erkunden. Nach *Bandholm* fahren wir entweder 8 km mit der Veteranenbahn, der ältesten, 1869 eröffneten Privatbahn des Landes, oder westlich von Maribo von der Straße 7 in Richtung Nakskov nach Norden abbiegend. So kommt man nach etwa 7 Kilometern zu einer der meistbesuchten dänischen Touristenattraktionen, dem Safari-Park *Knuthenborg*.

Für diesen Besuch sollte man sich Zeit nehmen. Knuthenborg war einst mit 610 Hektar Dänemarks größte Parkanlage im englischen Stil und gilt als der größte Herrenhofpark Nordeuropas. Hier steht eine einzigartige Sammlung von Bäumen aus aller Welt: englische Ulmen, chinesische Wasserfichten, orientalische Buchen, japanische Walnußbäume und amerikanische Zitterespen, Mammutbäume und Edelzypressen, Wacholder und Thujabäume, Waldlinden und Douglastannen, Mahagonibäume und Spitzahorn, Magnolien und schwarzer Bambus.

Unter diesen Bäumen leben auf saftigen Wiesen über 800 exotische Tiere in relativ freier Natur, umschlossen von einer 7,5 km langen Granitmauer. 16 km Waldwege führen durch den Park, und zum Greifen nahe laufen die Tiere frei umher: Elche, Hirsche, Antilopen, Kamele, Flamingos, Wasserbüffel, Esel, Lamas, Renntiere, Mufflons, Zebras, Tiger, Giraffen, Affen, Strauße... Ein idealer Tag für den Tierfreund, der fotografieren möchte. Knuthenborg ist von Mai bis Mitte September (9 bis 19 Uhr) geöffnet.

Schloß Alholm 1859, Zeichnung von J. Kornerup

Von Knuthenborg aus fahren wir nach *Sakskøbing*, der Stadt am Schnittpunkt der beiden Hauptverkehrsstraßen Lollands. Schon von weitem grüßt der lächelnde Wasserturm, das Wahrzeichen der Stadt, ein riesiges Gesicht, mit dem der alte Wasserturm bemalt ist. Sakskøbing hat seit 1270 Stadtrechte und schon seit 1200 eine Kirche. Heute gibt es neben alten Kaufmannshäusern vieles, was einen Aufenthalt lohnt: Hallenbad, Campingplatz und Jugendherberge und viele Möglichkeiten für Wanderungen und Wassersport auf dem 4 km langen Sakskøbing-Fjord.

Unser nächstes Ziel liegt in südlicher Richtung auf dem Lande und ist nicht in jeder Karte verzeichnet: *Fuglsang*, ein Ort himmlischer Ruhe und absoluter Abgeschiedenheit.

In diesem 15 Hektar großen Park bleiben wir zu einem längeren Spaziergang, denn die über 300 Baum- und Straucharten, die Blumen und Blüten sind ebenso sehenswert wie der neogotische Herrenhof aus dem Jahre 1869. Hier kann man einen Eindruck vornehmer dänischer Herrenhofkultur gewinnen, und wenn einem der Sinn danach steht und es der Geldbeutel hergibt, kann man sich (auf Anmeldung) auch einmieten. Südlich von Fuglsang liegen die Eiszeitlandschaften *Skejten* am Guldborgsund und der Urwald von *Frejlev* mit Grabkammern und -hügeln aus der Stein- und der Bronzezeit.

Die letzte Station dieser Nord-Südost-Route ist *Nysted*, die Hafenstadt, über deren herrliche Lage inmitten von Parks, Feldern, Wäldern, Wiesen und Wasser wir uns vom alten Wasserturm mit seinen vier Etagen Ausstellungen einen unvergeßlichen Eindruck verschaffen.

So finden wir auch leicht den Weg zum naheliegenden Schloß *Ålholm*, vorbei an der 1330 erbauten gotischen Kirche, deren Glocke so alt ist wie das Gotteshaus.

Das ursprünglich als Ritterburg errichtete Bauwerk ist eines der ältesten bewohnten Schlösser Europas. Bis 1725 gehörte es dem Königshaus, danach dem Adelsgeschlecht Raben-Levetzau. Dutzende von Zimmern kann man besichtigen, den Rittersaal, die Schloßküche und das Verlies, in dem König Christopher im Jahre 1300 vergiftet worden sein soll. Weltberühmt ist die Waffensammlung.

Unweit des Schlosses befindet sich das Automobilmuseum *Stubberupgård*. Mit dem ältesten Stück der Sammlung, dem ersten serienmäßig hergestellten Daimler von 1885 und mit 200 anderen Raritäten gilt es als eines der sehenswertesten Automuseen Europas.

Auf der Rückfahrt nach Maribo kommen wir in *Bregning* (6 km westlich von Nysted) am Vogelgarten vorbei, der 450 Vögel in über 100 Arten beherbergt: Papageien, Paragillen, Lorrys, Tukane, Tukaros, Tugos, Fasane, auch Tauben und Hühner und viele andere gefiederte Lebewesen aus aller Welt.

Unsere südliche Lolland-Tour führt durch *Holeby*, ein Städtchen südlich der Maribo-Seen, vorbei am Flugplatz, von dem Rundflüge gestartet werden, nach *Tågerup* und *Lundholm*. Die Kirche von Holeby mit ihren berühmten Kalkmalereien, der von ihr stehende Runenstein (er wurde 1868 gefunden) und die romanische Kirche von Tågerup sind erste Ziele des Tages.

Wir kommen nun nach *Rødby*, der alten Hafenstadt an der Ostsee, die seit 100 Jahren nicht mehr an der Ostsee liegt. Seit dem Mittelalter war Rødby als wichtigster Verbindungshafen zu Holstein und Mecklenburg bekannt. Bei heftigen Sturmfluten wurde Rødby wiederholt überschwemmt, aber die Katastrophe von 1872 stellte alles bisher Bekannte in den Schatten. Vom Bottnischen Meerbusen brachen gewaltige Wassermassen über Dänemark herein. Am meisten waren die Ostküste von Falster und Lollands Südküste betroffen. Der Nakskov-Fjord und der Rødby-Fjord vereinigten sich unter dem Druck der Fluten. 80 Menschen und viele Tiere verloren ihr Leben. Ein Viertel von Lolland stand unter Wasser. Ein Jahr später beschloß der Reichstag die Eindeichung der gesamten Südküste. Über 60 km Deiche (z.T. vier Meter hoch) – herrliche Rad- und Wanderwege, vor denen sich Strände und Ostsee ausbreiten und hinter denen viele Quadratkilometer fruchtbaren Bodens liegen, tiefer als der Meeresspiegel.

Aber die Deiche schnitten Rødby von der Ostsee ab. Seit 1912 ist *Rødbyhavn* der neue Hafen. Von hier aus besteht die kürzeste Verbindung zum südlichen Festland. Das wußten lange vor den Menschen schon die Wildgänse. Der alljährliche Vogelflug gab der Fährlinie Rødbyhavn-Puttgarden (auf Fehmarn) den Namen: Vogelfluglinie. Am dänischen Ausgangspunkt dieser Linie befand sich bereits zur Wikingerzeit ein Bauerndorf, das zu Wohlstand gekommen war, weil die Bauern ihre Erzeugnisse selbst auf die andere Seite der Ostsee brachten.

Es ist nicht alle Tage Sonnenschein an Dänemarks schönen Küsten. Deshalb gehört zum Allwetterangebot das *Ferienzentrum Lalandia* (früher gebräuchlicher Name von Lolland) mit 7200 m^2 überdachter Badefläche (Becken, Rutschen, türkisches Bad, Sauna und Solarien), mit Wohnhäusern, Lokalen,

Läden und Bars. Überall in der Nähe des Deiches kann man parken und auf der Deichkrone mit dem Rad fahren oder wandern: durch *Kramnitse*, dessen Pumpstation 20 Tonnen Wasser in der Sekunde in die Ostsee zurückpumpen könnte, wenn sie wieder einmal zur Springflut wird, vorbei am Campingplatz von *Hummingen* und dann wieder nördlich über *Søllested* durch den Christianswald nach Maribo.

Wir werden morgen nach Møn weiterfahren und müssen einige Sehenswürdigkeiten von Lolland für einen nächsten Besuch vormerken: die „Polakkaserne" am Højbygårdvej (Museum für Tausende polnische Mädchen und Frauen, die bis in unser Jahrhundert ihren Lebensunterhalt als „roepiger", Rübenmädchen, verdienten), die Keramiker der Insel, die alte Schmiede von Holeby, die größten Wölfe der Welt (kanadische Waldwölfe in Lungholms Wölfepark), Peter Hansens Garten in der Nähe von Kappel und vieles andere ...

Nach *Møn* geht es von Maribo aus über den Guldborgsund, wo der Sund am schmalsten ist, zur Europastraße 4, die man auf der Insel *Farø* verläßt, um über deren größere Nachbarinsel *Bogø* auf die wegen ihrer Kreidefelsen berühmte Insel zu gelangen. Die gesamte Insel ist für Geologen, Botaniker und Ornithologen ein Paradies. Sie bietet beeindruckende alte Kirchen mit Kalkmalereien und Holzschnitzereien (Fanefjord) und Hügelgräber wie das Ganggrab „König Askers Hügel", das größte in Dänemark, westlich der Brücke nach Seeland und das Doppelhügelgrab „Klekkende Høje" ebenfalls im Westen von Møn. Die Insel ist 30 km lang und 6 km breit. Der auf drei Seiten von Wasser umgebene Hauptort *Stege* erhielt 1268 Stadtrechte und zählt heute 3700 Einwohner.

Über *Elmelunde* und *Borre* fahren wir nach Schloß Liselund, denn uns zieht es zum etwa 8 km langen Steilufer im Osten der Insel. Hier endete vor ungefähr 13 000 Jahren der letzte Vorstoß der Eiszeit auf dramatische Weise: Steine, Tone, Kiese, Sande und darunter liegende Kreide wurden zu gewaltigen Schollen aufgepreßt. In der Kreide findet man (wie auf Rügen) eine Unzahl von Fossilien, Überreste der Muscheln, Seeigel, Tintenfische, Seelilien und Armfüßler, die vor 65 Millionen Jahren im Kreidemeer lebten.

Die gesamte Landschaft auf Hoch-Møn steht unter Schutz. Wir wandern auf den vorgeschriebenen Wegen, vom Parkplatz *Liselund* im Norden bis zum Parkplatz *Store Klint* im Süden – durch Täler, Wiesen und über Höhen, vorbei an Hängen, Wällen und Gräben, an Gutshäusern und durch den Park von Liselund, der am Ende des 18. Jahrhunderts als romantischer Park angelegt wurde mit Schweizerhütte, norwegischem Haus, katholischer Kapelle, chinesischem Teepavillon und einer Teufelsschlucht. Kurz vor dem Parkplatz Store Klint geht es in 128 Meter Höhe zum *Dronningestole*, zum Königinnenstuhl. Das Wetter läßt den Blick weit über die Ostsee zu. Man sieht im Nordosten die schwedische Küste und im Südosten Rügen, Deutschlands größte und schönste Insel, wo wir den Königsstuhl wissen. Uns wird einmal mehr bewußt, wie sehr die Ostsee in ihrer geologischen und politischen Geschichte die an ihren Ufern lebenden Völker nicht trennt, sondern verbindet.

Die abschließende *Falster-Tour* beginnt in Stubbekøbing und endet in *Gedser*, dem südlichsten Punkt Dänemarks, der – genauer gesagt – vom dortigen Sydstenen, dem fünf Tonnen schweren Südstein, gebildet wird, wo man auch vom Gedser Leuchtturm noch einen letzten wunderbaren Rundblick auf das Land genießen kann.

In *Stubbekøbing* erleben wir einen Gottesdienst und schauen uns in der Kirche um, die zwischen 1160 und 1180 erbaut wurde und damit die älteste der Insel ist. Ursprünglich entstand sie aus einer romanischen Basilika mit einem hohen Seitenschiff, jedes halb so breit wie das Hauptschiff. Baumaterial war Kreidestein von Stevens, im Innern wurden rote Ziegelbausteine zur Verzierung verwendet. Nach der Reformation waren die Kircheneinnahmen gering. Die Kirche begann zu verfallen, und erst Mitte des vorigen Jahrhunderts gelang es, ihr das Aussehen wiederzugeben, das sie im Mittelalter gehabt haben soll: eine gewaltige Kirche für diesen kleinen verträumten Ort. Ihr großes Chorkreuz, eine Holzschnitzarbeit aus der Zeit um 1500, Kronleuchter, Taufbecken, eine Erinnerungstafel an Hans Egede, den Apostel der Grönländer, der 1758 in Stubbekøbing starb, ein Sakramentschrank von 1400 (ungewöhnlich für eine evangelische Kirche ebenso wie das über diesem gut erhaltenen Monstranzschränkchen zu sehende Fresko mit dem Wappen von Papst Leo X.), zahlreiche alte Grabplatten, Paneelmalereien aus dem 16. Jahrhundert und andere Kostbarkeiten erfreuen das Auge. Stubbekøbing, an dessen Rathaus man über die Inschrift schmunzelt „Lad dem styre, som forstår det" (Laßt die regieren, die es verstehen), nennt man das grüne Herz Dänemarks. Der Ort erhielt 1354 die Stadtrechte, seine Blütezeit hatte er im 15. Jahrhundert, als mit der Heringsfischerei im Øresund viel Geld verdient wurde. Die westlich des Ortes erbaute Autobahnbrücke lenkt heute den Verkehr an Stubbekøbing vorbei nordwärts.

Siegel von Rødby
um 1700

Wir fahren nach *Nykøbing* am Guldborgsund vorbei auf dem Umweg durch den Østerskov, den Ostwald, durch das idyllische Fischerdorf *Hesnæs*, vorbei am Schloß Korselitse. Dabei haben wir auch das größte Küstenwaldgebiet Dänemarks gesehen.

Nykøbing ist mit 30 000 Einwohnern (vor 200 Jahren etwa 1000) eine herrlich gelegene, blühende kleine Handelsstadt mit zahlreichen Sehenswürdigkeiten. Wir könnten uns am Heilkräutergarten der Klosterkirche erfreuen, am Wasserturm, an der 1962 erbauten Frederik IX. - Brücke, die Falster und Lolland miteinander verbindet, am Zentrum für mittelalterliche Technologie auf dem gegenüberliegenden Ufer oder am Volkspark mit seinem Zoo.

Aber wir wollen zu zwei Stätten, die nur hier zu sehen sind. Wir suchen uns das „Haus des Zaren“ und finden es in der Langgade 2: ein prächtiges zweistöckiges Eckhaus aus Fachwerk, dessen Restaurierung 1898 von der russischen Regierung bezahlt wurde und das heute Museumssitz ist. An diesem Ort frühstückte Zar Peter der Große, der hier beim Postmeister Iver Rosenfeldt logierte. Eine Gedenktafel berichtet davon: „Ihre Czarische Majestät zu Moscovien Peter Alexewitz hat hier gespeiset Anno 1716 d. 15. Juli“.Der bekannte dänische Schriftsteller und Kulturhistoriker Broby Johansen berichtet, daß 1716 ein russisches Herr auf dem Weg nach Kopenhagen war, um Dänemark bei der Rückeroberung der von Schweden besetzten schonischen Provinzen beizustehen. Am Abend des 14. Juli sei Zar Peter unangemeldet bei Gedseby an Land gegangen und einen Tag später nach Nykøbing gekommen. Der vierzehnjährige Apothekersohn Claus Seidlin soll ihn beschrieben haben als einen Mann von riesigem Wuchs, gekleidet in einen schmutzigen blauen Rock mit Messingknöpfen, mit großen Stiefeln an den Beinen, einer kleinen Samtmütze auf dem Kopf und einem spanischen Rohrstock in der Hand. Mit dem breiten Hirschfänger, der ihm in Lederschlaufen an der Seite hing, soll er ausgesehen haben wie ein Henker, „...aber sonst sah er nicht übel aus.“

Dem Bericht zufolge überwachte Zar Peter die Fahrt der russischen Schiffe durch den Guldborgsund, und obwohl für ihn auf dem Schloß zu Abend gedeckt war, polterte er in das nächste Wirtshaus und ließ sich auftischen: Schwarz- und Weißbrot, Butter, Holländischen Käse (der aus Maribo kam), Branntwein und Bier. Der Apothekersohn beobachtete, daß der Zar, wenn er ein Stück Brot beschmiert hatte, das Messer sehr sauber ableckte, „... aber sonst speiste Majestät mit viel Grazie.“

Ein zweiter geschichtsträchtiger Ort ist die Klosterkirche aus dem Jahre 1532. An ihrer Chorwand im Norden ist eine interessante Ahnengalerie bewahrt. 63 Vorfahren der Königin Sophie von Mecklenburg (Gattin Frederik II.) sind bildlich dargestellt. Die Tafel entstand 1622-25 und ist mit 50 Quadratmetern wohl das größte Inventarstück im Lande. Zudem ist in dieser Kirche eine Epitaphienmalerei von Lucas Cranach d. Ä. erhalten, die als die älteste Dänemarks gilt.

In dieser Stadt finden sich weitere Spuren der den Völkern an der Ostsee gemeinsamen Geschichte: 1365 und 1507 wurden hier die Friedensschlüsse mit der Hanse unterzeichnet. Oft weilten hier die Mitglieder der Königsfamilie. 1849 wurde Nykøbing Bischofssitz.

Wenn wir nun noch den schönsten Badestrand Dänemarks sehen wollen, müssen wir aufbrechen. Etwa 20 km lang sind die Sandstrände an der Küste von Falster mit *Marielyst* als Zentrum. Auf unserem Weg nach Gedser entdecken wir Freizeitmöglichkeiten für alle Wetterlagen, nicht nur traumhafte Strände, sondern auch Frei- und Hallenbäder, Solarien, Saunen, Tennisplätze und Ferienhäuser. So klein Gedser auch ist – es ist einer der Schnittpunkte

Europas. Von hier aus sind es nach Rostock nur 35 km (nach Berlin kommen 220 Autobahnkilometer hinzu), nach Hamburg 187, nach Helsingør 193 und nach Kopenhagen 125 km.

Da wir nun auf der Eisenbahnfähre Richtung Warnemünde dem Erlebnis der dänischen Südseeinseln nachsinnen und der Leuchtturm von Gedser und der kleine Fährhafen am Horizont in der See versinken, müssen wir an den Märchenerzähler Hans Christian Andersen denken und an seine Beschreibung des wunderschönen Sommers auf dem Lande. In seinem Märchen „Das häßliche Entlein" heißt es: „... es war Sommer, das Korn stand gelb, der Hafer grün, das Heu war unten auf der grünen Wiese in Schobern aufgesetzt, und da ging der Storch auf seinen langen roten Beinen und plapperte ägyptisch, denn seine Sprache hatte er von seiner Mutter gelernt. Rings um den Acker und um die Wiese waren große Wälder und mitten in den Wäldern tiefe Seen, ja, es war wirklich herrlich da draußen! Mitten im Sonnenschein lag dort ein altes Rittergut, von tiefen Kanälen umgeben, und von der Mauer bis zum Wasser herunter wuchsen große Klettenblätter..."

Auch wir haben auf den dänischen Südseeinseln den gelben Weizen gerochen, die Äpfel und Birnen und Pflaumen geschmeckt und die Aalsuppe und smørrebrød und Schollen und Schnitzel, die über den Tellerrand hingen, haben die Hünengräber und Runensteine begriffen und die grünen Rübenfelder gesehen, die weißen Strände, die Schlösser und Gutshäuser und die alten Eichen in den Parks.

Und über uns den gleichen hohen, blauen Himmel des Nordens, der sich dort in den Seen spiegelt und wie jetzt in der alle diese Schönheiten umflutenden Ostsee.

Häfen an allen Küsten Dänemarks – Spodsbjerg auf Langeland

Åso am Weststrand von Langeland ➤

MUSEUM

Idylle in Rudkøbing

◄ *Die Windmühle von Tranekær*

Bereits im 13. Jahrhundert wurde Rudkøbing als Handelsstätte schriftlich erwähnt ►

DM 60 550

Vestibül und Treppe in Skovsgård

◄ Schloß Skovsgård

König Humbles Grab

◀ *Hochsommer in Bagenkop am Südzipfel von Langeland*

Radfahrer auf allen Wegen und Straßen – auch bei Hov, am Nordkap von Langeland

Im Stadtzentrum von Nakskov

HAVNEGADE
SUPER

Der Altar von Engestofte

Die Kirche von Horslunde: kalkweiß und
◄ ziegelrot, typisch für die südlichen dänischen Inseln.

Im Herrenhaus von Reventlow

Im Vogelparadies

Hauptstadt von Lolland ist Maribo

Die letzte Eiszeit schuf
 ◄ *vielgestaltige Strände: Steinstrand auf Vigsø.*

Die Domkirche von Maribo

Orebygård im Norden Lollands zeigt die leuchtenden Farben des dänischen Sommers ➤

Im Freilichtmuseum von Maribo

Der alte Wasserturm von Sakskøbing begrüßt lächelnd seine Besucher

Der Hafen Nysted im Süden von Lolland

◄ *Schloß Fuglsang, ein Refugium für Erholungsuchende*

Die maritime Rathausuhr von Nysted

Freizeitspaß Lalandia

Per Flugzeug, im Auto und auf der Fähre kommt man nach Dänemark: Rødbyhavn und Gedser sind die Tore zum europäischen Festland. ➤

DFO
Prins

dlg QVADE

NF 168

Windmühle auf Bogø

In der Mitte der Brücke über den Storestrømmen liegt wie ein natürlicher Stützpfeiler die kleine Insel Farø.
◄ Von ihr fährt man über die Insel Bogø nach Møn.

Hünengrab auf Møn ►

In der Kirche von Elmelunde

Die Kreidefelden von Møn:
wer muß da nicht auch an Rügen denken ➤

◄ *Die Kirche von Élmelunde auf Møn*

Vielseitig ist das Angebot für eine aktive Erholung auf den dänischen Südseeinseln – Reiter in Halskov ➤➤

Chrøis
HER BOR SEJR

Vor dem Mittelalter-Zentrum von Nykøbing

➤ *Nykøbing auf Falster, eine Stadt mit vielen Sehenswürdigkeiten*

➤➤ *Ein mächtiges Steingrab aus der Bronzezeit überdauerte in Halskov Vænge im Zentrum von Falster alle Zeiten*

➤➤➤ *Zwischen Mittelalter und Zukunft: immer machte sich der Mensch die Windkraft dienstbar.*

Von Falsters Südkap geht der Schiffsweg nach Warnemünde ➤

Auf den Inseln führen alle Wege zur Ostsee

Tips und Informationen für Touristen und Einheimische

TOURISTENBÜROS:

AUF LOLLAND:

- 4930 Maribo, Rathaus, Torget, Tel. 45 53 88 04 96
- 4900 Nakskov, Søndergade 17, Tel. 45 53 92 21 72
- 4970 Rødby, Willersgård, Vestergade 1, Tel. 45 54 60 21 10
- 4970 Rødbyhavn, Havnegade 2, Tel. 45 54 60 41 12
- 4880 Nysted, Adelgade 65, Tel. 45 53 87 19 85
- 4990 Sakskøbing, Torvegade 4, Tel. 45 53 89 56 30
- 4960 Holeby, Jernbanevej 1, Tel. 45 53 90 75 15

AUF FALSTER:

- 4800 Nykøbing, Ostergågade 7, Tel. 45 54 85 13 03
- 4873 Væggerløse/Marielyst, Marielyst Strandvej 54, Tel. 45 54 13 62 98
- 4850 Stubbekøbing, Havnegade 9, Tel. 45 53 84 13 04
- 4874 Gedser, Stationsvej 7, Tel. 45 53 87 90 41

AUF MØN:

- 4780 Stege, Storegade 2, Tel. 45 55 81 44 11

AUF LANGELAND:

- 5900 Rudkøbing, Bystrædet 3

AUF WEITEREN INSELN:

- 5970 Ærøskøbing, Torvet
- 5960 Marstal, Kirkestræde 29

AUTOFÄHREN DEUTSCHLAND – DÄNEMARK:

- Gelting - Fåborg (Fünen)
- Kiel - Bagenkop (Langeland)
- Puttgarden - Rødbyhavn (Lolland)
- Lübeck/Travemünde - Gedser (Falster)
- Rostock/Warnemünde und Rostock/Überseehafen- Gedser /Falster)

Die im Buch genannten Inseln sind von Seeland und Jütland aus bzw .von den Nachbarinseln mit Autofähren erreichbar.

CAMPINGPLÄTZE AUF DEN INSELN:

Als, Ærø, Tåsinge, Langeland, Lolland, Fejø, Falster, Møn

GELD:

Münzeinheit ist die Dänische Krone (Abkürzung dkr). 1 dkr = 100 Øre.

SPRACHE:

Das Dänische ist altnordischen (nordgermanischen) Ursprungs und besteht als eigene Sprache seit dem Ende des 13. Jahrhunderts. Auf der Insel Seeland bildete sich im 14. und 15. Jahrhundert die literarische Schriftsprache. Mehr als ein Drittel der dänischen Wörter sind deutschen Ursprungs.

FEIERTAGE:

1. Januar, Gründonnerstag, Karfreitag, Ostersonntag, Ostermontag, Buß- und Bettag (vierter Freitag nach Ostern), Christi Himmelfahrt, erster und zweiter Pfingsttag, Verfassungstag (5. Juni ab 12 Uhr), erster und zweiter Weihnachtstag.

KLIMA:

Dänemark hat dank des Einflusses warmer Meeresströmungen ein relativ gemäßigtes Klima mit milden Wintern und nicht zu warmen Sommern. Windstille Tage sind selten, und auf gelegentliche Regenschauer sollte man immer vorbereitet sein. Kältester Monat ist der Februar. der Frühling beginnt erst im April/Mai, dafür dauert der Sommer länger, weil das Dänemark umgebende Wasser bis in den November hinein die gesammelte Wärme abgibt.

NÆSTVED
SKÆLSKØR
Kobæk Strand
Sønder Bjerge
Ørslev
Rude
Bisserup
Glænø
Agersø
Agersø By
Omø By
Omø
45 min
Hyllinge
Tornemark
Fodby
Menstrup
Skraverup
Gavnø
Karrebæksminde
Enø
Vejlø
Karrebæksminde Bugt
Toksværd
Rønnebæk
Næstelsø
Mogenstrup
Brøderup
Everdrup
Kobanke
Leestrup
Fakse
Fakse Ladeplads
Vindbyholt
Tappernøje
Snesere
FEDDET
Lund
Rødvig
FAKSE BUGT
Dybsø Fjord
Hammer
Bårse
Præstø
Roneklint
Jungshoved
Jungshoved By
Svinø
Køng
Skibinge
Lundby
Udby
Allerslev
Sandvig
Nyord
ULVSHALE
Avnø Fjord
Knudshoved Odde
Klarskov
Mern
Kastrup
Ørslev
Neder Vindinge
St. Kulsbjerg
Langebæk
Viemose
Kalvehave
VORDINGBORG
Nyråd
Stensved
Masnedø
Ulvsund
Stege
Udby
Elmelunde
Borre
Magleby
Møns Klint
MØN
Klintholm Havn
Tøvelde
Damsholte
Farø
Storstrømmen
Bogø By
BOGØ
Hjelm
Store Damme
Hårbølle
Stubbekøbing
Grønsund
SMÅLANDSFARVANDET
Snøde
Vejrø
FEJØ
Nørreby
Sønderby
Østerby
Vesterby
FEMØ
Urne
Vindeby
Utterslev
Kragenæs
Birket
Horslunde
50min
Askø By
Askø
Tårs
Sandby
Nakskov Fjord
Branderslev
Albuen
Halsted
Vesterborg
Keldernæs
Reersnæs
FDM
Bandholm
Stokkemarke
NAKSKOV
Langø
Ullerslev
Søllested
Nørreballe
Hunseby
Holleby
Højreby
Vestenskov
Græshave
Kappel
Dannemare
Landet
MARIBO
Hillested
Gloslunde
Brandstrup
Bursø
Holeby
Fuglse
Øster Ulslev
Kramnitse
Rødby
Vester Ulslev
Herritslev
Tågerup
Errindlev
Rødbyhavn
Nysted
Vantore
Kettinge
Frejlev
Store Musse
Fjelde
Toreby
Vigsnæs
Soesmarke
Tårs
Sakskøbing
Guldborg
Vålse
Orehoved
Nørre Alslev
Øster Kipping
Gundslev
Torkilstrup
Vejringe
Maglebrænde
Ønslev
Eskilstrup
Falkerslev
Moseby
Klodskov
Hjelm
Stubberup
Tingsted
Horreby
Horbelev
Hesnæs
Møllehave
Bangsebro
NYKØBING F
Rødsted
Grænge
Systofte
St. Vedby
Kirkeby
Sønder Kirkeby
Sønder Ørslev
Karleby
Nagelsti
Idestrup
Hasselø By
Væggerløse
Marielyst
Marrebæk
Bøtø By
Stavreby
FDM
Skelby
FALSTER
LOLLAND
Gedesby
Gedser
Gedser Odde
RØDSAND
FEMERBÆLT